여덟 살의 시간 관리

랄랄라 학교생활 ❷ 시간 관리

여덟 살의 시간 관리

초판 1쇄 발행 2024년 2월 5일 | **초판 2쇄 발행** 2024년 4월 26일
글쓴이 이서윤 | **그린이** 장선환
펴낸이 홍석 | **이사** 홍성우 | **편집부장** 이정은 | **책임편집** 조유진 | **편집** 정미진 | **디자인** 권영은·김영주 | **외주디자인** 권승희
마케팅 이송희·김민경 | **제작** 홍보람 | **관리** 최우리·정원경·조영행·김지혜
펴낸곳 도서출판 풀빛 | **등록** 1979년 3월 6일 제2021- 000055호 | **제조국** 대한민국 | **사용연령** 6세 이상
주소 서울특별시 강서구 양천로 583 우림블루나인 A동 21층 2110호
전화 02-363-5995(영업) 02-362-8900(편집) | **팩스** 070-4275-0445
전자우편 kids@pulbit.co.kr | **홈페이지** www.pulbit.co.kr | **블로그** blog.naver.com/pulbitbooks | **인스타그램** instagram.com/pulbitkids

ISBN 979-11-6172-655-7 74810 | 979-11-6172-561-1(세트)

*책값은 뒤표지에 표시되어 있습니다.
*종이에 베이거나 긁히지 않도록 조심하세요. 책 모서리가 날카로우니 던지거나 떨어뜨리지 마세요.
*파본이나 잘못된 책은 구입하신 곳에서 바꿔 드립니다.

이서윤 글 장선환 그림

작가의 말

안녕하세요, 친구들. 이서윤 선생님이에요. 선생님이 퀴즈를 준비했어요. 모든 사람에게 공평하게 주어지는 것은 무엇일까요? 가만히 있어도 없어지는 것은 무엇일까요?

'시간'이라고요? 정답이에요! 시간은 모든 사람에게 하루 24시간씩 똑같이 주어져요. 그리고 아무것도 하지 않고 가만히 있어도 없어지지요.

그러면 사람들은 24시간을 모두 똑같이 사용할까요? 아니에요. 24시간을 알차게 사용하는 사람도 있고, 대충 사용하는 사람도 있어요. 자, 생각해 보아요. 어떤 친구는 매일 한 시간씩 태권도와 줄넘기를 하고, 다른 친구는 그 한 시간 동안 뒹굴뒹굴 놀아요. 겨우 한 시간이지만 한 달이 지나면 어떻게 달라질까요? 열심히 운동한 친구는 태권도와 줄넘기를 잘하게 되겠지요?

한 시간은 눈 깜빡하면 지나가는 시간이지만, 1년만 지나도 365시간이 돼요. 그래시 시간을 소중히 어기고 잘 쓰는 것이 아주 중요하지요. 지금 여러분의 시간 관리가 초등학생,

중학생, 고등학생, 그리고 어른이 되어서까지 어떻게 시간을 관리할지 결정하게 된답니다.

- 지각을 자주 하는 어린이
- ‘오늘 할 일 다 했어?’ 잔소리를 많이 듣는 어린이
- 어디든 항상 급하게 가는 어린이

혹시 하나라도 해당하는 친구라면 이 책을 읽어 보아요. 위의 내용은 모두 잘못된 시간 관리 때문에 일어나는 일이거든요. 걱정 마요. 동화 속 도훈이와 함께라면 내일부터 시간 관리를 잘하게 될 거예요. 시간 관리를 배울 준비되었다면, 지금 바로 떠나 볼까요? 출발!

이서윤 선생님

차례

도훈이의 바쁜 아침

“도훈아! 일어나. 지난주 내내 지각했으니 오늘은 시간 맞춰서 가야지!”

도훈이가 1학년이 된 지 벌써 한 달이 지났어요. 하지만 여전히 등교 준비가 힘들었지요. 도훈이는 눈을 비비며 태평하게 말했어요.

“더 잘래요.”

"일어나라고 열 번도 넘게 말했어. 지금 시간이 몇 시인 줄 알아? 8시 20분이야!"

엄마의 크고 날카로운 목소리가 도훈이의 귓속을 파고들었어요.

"세수해!"

도훈이는 쫓기듯이 화장실로 갔어요. 대충 얼굴에 물만 묻히고 나왔더니 회색 운동복 한 벌이 침대에 가지런히 놓여 있었어요.

"엄마, 나 오늘은 운동복 대신 멋진 옷 입고 갈 거예요. 머

리도 빛을 거고요!"

도훈이는 옷장을 열어서 멋진 옷을 찾았어요. 그런데 엄마가 쾅, 옷장 문을 닫는 게 아니겠어요?

"늦었는데 옷 고를 시간이 어디 있니? 얼른 운동복 입어. 늦어서 밥 먹을 시간도 없으니 우유 한 컵 마시고."

엄마 목소리는 점점 더 급해졌어요. 도훈이는 시무룩한 표정으로 우유 한 컵을 벌컥벌컥 마셨어요.

"다 마셨어? 겉옷 입고 책가방도 챙겨야지."

엄마의 재촉하는 말에 도훈이는 짜증 섞인 목소리로 대답했어요.

"내가 알아서 할게요."

"알아서 해서 지금 지각을 하니?"

우당탕탕 급하게 준비를 마친 도훈이는 엄마와 함께 1층으로 내려왔어요. 그런데 엄마가 갑자기 멈춰 서서 도훈이를 빤히 쳐다보는 거예요.

"도훈아, 너 신발주머니는?"

도훈이의 표정이 일그러졌어요.

"자기 물건은 스스로 챙겨야지. 안 그래도 늦었는데 다시 집에 갔다 와야겠네."

도훈이는 허겁지겁 다시 집으로 돌아가 신발주머니를 챙겼어요.

하루의 시작이 엉망이었지요.

엉망진창 하루

교실 문을 조심스럽게 열자, 반 아이들이 전부 도훈이를 쳐다봤어요. 오늘도 역시나 수업이 시작된 후였지요.

"도훈이, 왜 이렇게 늦었어요? 내일은 시간 맞춰서 와야 해요. 자리에 가서 앉아요."

선생님의 말에 도훈이는 자리에 앉아 짝꿍에게 물었어요.

"민유야, 지금 교과서 몇 쪽 하고 있어?"

"3쪽."

민유가 퉁명스럽게 대답했어요. 도훈이는 다시 물었어요.

"지금 뭐 하고 있는데?"

"짝꿍 얼굴 그리기랑 짝꿍 이름 쓰기 중이었어. 네가 늦게 와서 나만 못 하고 있었단 말이야……."

도훈이는 미안한 마음에 빨리 연필을 꺼내 민유의 얼굴을 멋지게 그려 주려고 했어요. 그런데 아차, 필통을 안 가져온 거예요.

"저기, 민유야……. 연필 좀 빌려줄래?"

"너 연필도 안 가져왔어?"

민유는 못 말린다는 듯 고개를 저었어요. 그때 담임 선생님이 도훈이와 민유를 콕 가리켰지요.

"거기 왜 그렇게 시끄럽니?"

민유는 속상한 마음에 투덜거렸어요.

"도훈이 너 때문에 선생님이 뭐라고 하셨잖아……."

너무너무 창피해

즐거운 쉬는 시간, 반 친구들이 교실 뒤쪽에 모였어요. 서로 가위바위보를 하며 재미있게 놀고 있었지요. 도훈이도 친구와 노느라 바빴어요.

어느새 수업 시작종이 울렸어요.

'맞다, 화장실 가는 거 깜빡했네! 에이, 다음 쉬는 시간에 가지 뭐.'

하지만 몸은 말을 듣지 않았어요. 점점 몸이 배배 꼬이고 신호를 보내기 시작했지요. '도훈아, 화장실!' 이렇게 말이에요. 도훈이는 힐끔힐끔 눈치를 살폈어요.

'화장실 간다고 하면 친구들이 놀릴 것 같은데……. 조금만 더 참아 보자, 김도훈!'

낌새를 알아차린 담임 선생님이 도훈이에게 물었어요.

"도훈이, 어디 불편해요? 표정이 안 좋은데?"

도훈이는 고민하다 눈을 질끈 감고 말했어요.

"화, 화장실에 가고 싶어요!"

도훈이의 대답에 친구들이 까르르 웃기 시작했어요. 도훈이는 고개를 푹 숙였어요.

"요 녀석, 쉬는 시간에 화장실에 다녀오지 않았구나. 얼른 다녀와요."

하연 누나

드디어 모든 수업이 끝났어요. 잔뜩 꼬여 버린 하루에 도훈이는 눈물이 날 것 같았어요. 도훈이는 잽싸게 책가방을 챙겨 운동장으로 나갔어요.

그런데 매일 데리러 오는 엄마가 안 보였어요. 고개를 갸우뚱하는데, 오늘 아침 엄마의 말이 생각났어요.

'도훈아, 오늘 방과 후 수업 날인 거 알지? 잊지 말고 수업 듣고 와야 해!'

방과 후 수업이 있다는 걸 깜빡한 도훈이는 터덜터덜 미술실로 갔어요. 이번에도 역시 수업은 시작한 후였어요.

'시간 지키기가 왜 이렇게 어려운 거야?'

도훈이는 기분이 안 좋았어요. 아침에 일어나는 시간을 못 지켜서 멋진 옷도 못 입고, 지각도 하고, 급하게 나와 필통도 못 챙기고, 짝꿍에게 한 소리 듣고. 또 쉬는 시간을 잘 이용하지 못해 수업 중에 화장실에 가고, 선생님께 혼나고, 방과 후 수업도 늦고. 정말 엉망진창인 하루였지요. 아마 오늘을 그림으로 그린다면 검정투성이일 거예요.

미술실

얼마나 늦게 들어왔는지, 방과 후 수업은 금세 끝나 버리고 말았어요.

"오늘 표정이 안 좋네?"

그때 방과 후 수업을 같이 듣는 4학년 하연 누나가 말을 걸었어요. 하연 누나의 말에 눈물이 나올 것 같았지요.

"도훈아, 너 오늘 지각하고 준비물도 못 챙기고 그랬지?"

"어떻게 알았어?"

"내가 1학년 때 그랬거든. 딱 보면 척이지. 오늘 방과 후 수업이 조금 일찍 끝났으니까 시간왕인 내가 시간 수업을 해 줄게."

시계 읽는 법부터

“시계 읽을 줄 알아?”

하연 누나가 도훈이에게 물었어요.

“당연하지!”

도훈이는 당당히 핸드폰 시계를 들어 보였어요. 그러자 하연 누나가 고개를 절레절레 저었어요.

“핸드폰에 있는 디지털 시계 말고, 시곗바늘이 있는 시계 말이야.”

“음……. 그건 좀 힘들어. 지난번에 선생님이 12시 40분까지 교실에 들어오라고 말씀하셨는데, 시계를 잘못 읽어서 늦게 들어간 적도 있어. 사실 오늘도 시계를 잘못 읽어서 8시 20분을 7시 20분으로 봤어.”

“역시 그런 거였구나! 도훈이 네가 왜 시간 지키기를 어려워하는지 알았어. 시간을 잘 지키고 관리하려면 시계 읽는 법부터 알아야 해. 여기를 봐!”

시계에는 세 가지 바늘이 있어.
시침은 가장 짧은 바늘로,
몇 시인지를 알려 줘.
분침은 가장 긴 바늘로,
몇 분인지를 알려 줘.
12
1
2
3
4
5
6
7
8
9
10
11
시침
초침
분침
초침은 가장 빨리 움직이는
얇은 바늘로, 몇 초인지를 알려 줘.

"긴 바늘이 12를 가리킬 때는 짧은 바늘이 가리키는 숫자만 읽으면 돼. 오른쪽 시계를 읽어 봐. 몇 시일까?"

"4시!"

"정답! 긴 바늘이 6을 가리키고 있으면 30분이야. 짧은 바늘이 지나 온 숫자를 읽고, 그다음에 긴 바늘이 가리키는 시간을 읽으면 돼. 왼쪽 시계를 읽어 봐. 몇 시게?"

"11시 30분!"

"잘했어. 긴 바늘이 1을 가리키면 5분, 2를 가리키면 10분, 3을 가리키면 15분, 4를 가리키면 20분, 5를 가리키면 25분이야. 숫자마다 5분씩 커져. 다음 시계를 보면 더 자세히 알 수 있어."

"근데 누나, 짧은 바늘이 6은 지났는데 7에는 아직 안 도착했어. 이건 몇 시야?"

"짧은 바늘이 지난 숫자만 기억하면 돼. 아직 7에 안 도착했으니 6시인 거지. 위의 시계를 읽어 볼까?"

"6시 45분!"

"제법인데? 시계를 읽을 수 있으면 몇 시부터 몇 시까지 공부하고, 몇 시부터 몇 시까지 잠을 자고, 이런 계획을 세울 수 있어. 등교 시간도, 아침에 일어나는 시간도 잘 지킬 수 있지. 오늘부터 시계 읽기 연습 꼭 해 봐."

째깍째깍 시간 관리

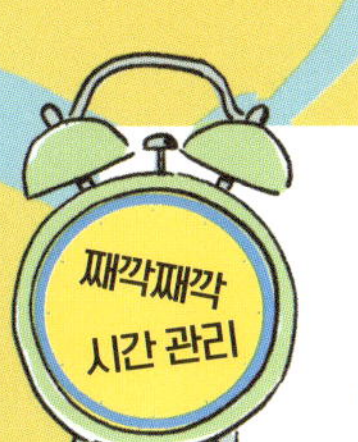

시계를 읽어 보아요.

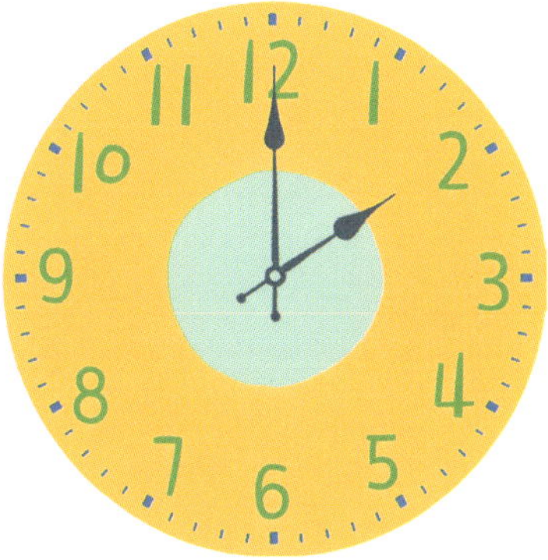

1. ( )시

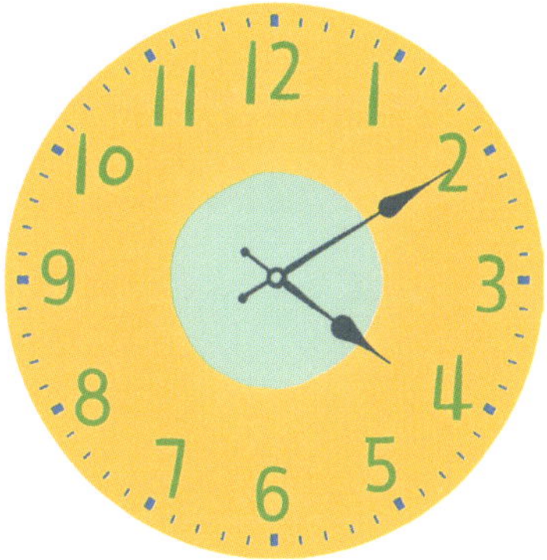

2. ( )시 ( )분

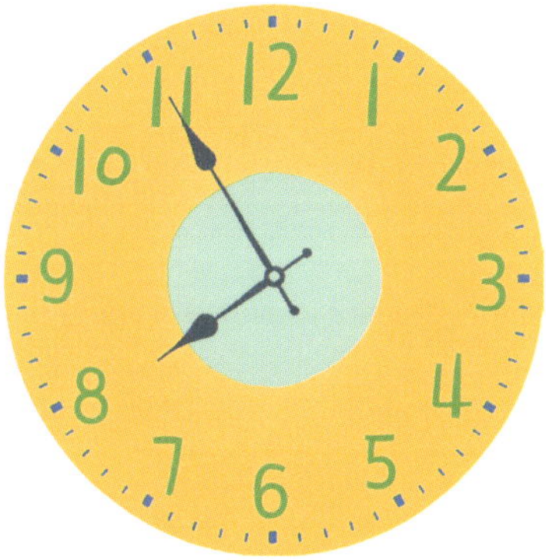

3. ( )시 ( )분

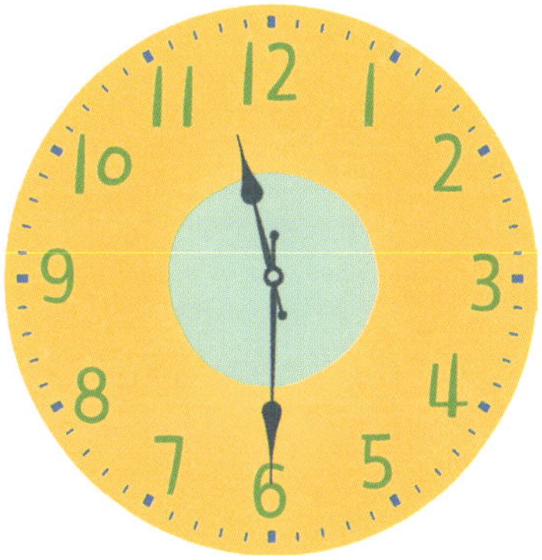

4. ( )시 ( )분

정답: 1. 2시 2. 4시 10분 3. 7시 55분 4. 11시 30분

이번에는 달력 읽기

"이번에는 달력 읽는 법을 알려 줄게. 먼저 아래 달력을 살펴볼까?"

"도훈아, 3월 3일은 무슨 요일이게?"

"일요일!"

"맞아. 3월은 모두 며칠이게?"

"31일!"

"좋았어. 그럼 달력에서 같은 요일이 돌아오려면 며칠이 지나야 하게?"

"월 화 수 목 금 토 일. 일주일이 지나야 하니까 7일!"

"제법인데? 달력을 자주 보는 것도 시간 관리에 도움이 돼. 달력을 보면 나중의 시간까지 미리미리 계획할 수 있거든."

신이 난 도훈이는 1월부터 12월까지, 달력 열두 장을 앞으로 넘겼다 뒤로 넘겼다 했어요.

"달력을 살펴보며 1년간 어떤 일이 있을지 생각해 봐. 가족 생일도 표시하고, 명절도 표시하고, 여름 휴가도 표시하고, 방학도 표시해 봐!"

하연 누나의 말에 도훈이는 당장 연필을 들었어요. 그리고 달력을 한 장 한 장 넘기며 동그라미를 쳤지요.

1년의 달력을 살펴보고 답해 보아요.

1월

일	월	화	수	목	금	토
	1	2	3	4	5	6
7	8	9	10	11	12	13
14	15	16	17	18	19	20
21	22	23	24	25	26	27
28	29	30	31			

2월

일	월	화	수	목	금	토
				1	2	3
4	5	6	7	8	9	10
11	12	13	14	15	16	17
18	19	20	21	22	23	24
25	26	27	28	29		

3월

일	월	화	수	목	금	토
					1	2
3	4	5	6	7	8	9
10	11	12	13	14	15	16
17	18	19	20	21	22	23
24	25	26	27	28	29	30
31						

4월

일	월	화	수	목	금	토
	1	2	3	4	5	6
7	8	9	10	11	12	13
14	15	16	17	18	19	20
21	22	23	24	25	26	27
28	29	30				

5월

일	월	화	수	목	금	토
			1	2	3	4
5	6	7	8	9	10	11
12	13	14	15	16	17	18
19	20	21	22	23	24	25
26	27	28	29	30	31	

6월

일	월	화	수	목	금	토
						1
2	3	4	5	6	7	8
9	10	11	12	13	14	15
16	17	18	19	20	21	22
23	24	25	26	27	28	29
30						

▼ 달력에 나와 가족들의 생일, 친구들의 생일을 표시해 보아요.

▲ 1년은 몇 월부터 몇 월까지 있나요?

7월

일	월	화	수	목	금	토
	1	2	3	4	5	6
7	8	9	10	11	12	13
14	15	16	17	18	19	20
21	22	23	24	25	26	27
28	29	30	31			

8월

일	월	화	수	목	금	토
				1	2	3
4	5	6	7	8	9	10
11	12	13	14	15	16	17
18	19	20	21	22	23	24
25	26	27	28	29	30	31

9월

일	월	화	수	목	금	토
1	2	3	4	5	6	7
8	9	10	11	12	13	14
15	16	17	18	19	20	21
22	23	24	25	26	27	28
29	30					

10월

일	월	화	수	목	금	토
		1	2	3	4	5
6	7	8	9	10	11	12
13	14	15	16	17	18	19
20	21	22	23	24	25	26
27	28	29	30	31		

11월

일	월	화	수	목	금	토
					1	2
3	4	5	6	7	8	9
10	11	12	13	14	15	16
17	18	19	20	21	22	23
24	25	26	27	28	29	30

12월

일	월	화	수	목	금	토
1	2	3	4	5	6	7
8	9	10	11	12	13	14
15	16	17	18	19	20	21
22	23	24	25	26	27	28
29	30	31				

● 1년의 각 달은 며칠인가요?

월	1	2	3	4	5	6	7	8	9	10	11	12
일												

시간이 금이라고?

"도훈이 너 '시간은 금이다'라는 말 알아?"

"아니, 처음 들어 봐."

"시간이 금처럼 소중하다는 말이야. 내가 재미있는 곳을 알고 있어. 함께 가자!"

"지금? 곧 있으면 엄마가 나를 데리러 올 텐데……."

"걱정 마. 내가 잠시 '시간 멈춤 버튼'을 눌렀거든."

"시간 멈춤 버튼?"

"시간 관리의 중요함을 알아야 하는 친구에게 시간을 알려 줄 때 누르는 버튼이야."

도훈이가 고개를 갸우뚱했어요. 그때 하연 누나가 도훈이 손을 잡아끌었어요. 그러자 학교 정문 옆에 '시간의 방'이라고 적힌 커다란 문이 생겼지요.

문을 열고 들어가자 오래되어 보이는 방 하나가 나왔어요.

"어허, 또 시간의 방에 온 어린이가 있구나. 어서 오너라. 나는 미국의 과학자 벤저민 프랭클린이란다."

도훈이와 하연이는 프랭클린 아저씨에게 인사했어요.

"시간에 대해 배우러 온 거지?"

"네!"

"먼저 내가 무슨 일을 했는지 알려 줄게."

"그게 시간과 무슨 상관인데요?"

도훈이가 모르겠다는 듯 입을 삐죽거렸어요.

"어떤 일을 했다는 건 그만큼의 시간을 썼다는 의미가 되잖니? 나는 집이 가난해서 열 살에 학교를 그만두고, 인쇄소에서 일했어. 그리고 커서는 도서관을 짓고, 난로를 발명하고, 노래를 만들었지."

도훈이는 깜짝 놀랐어요. 어떻게 그렇게 다양한 일을 할 수 있었는지 궁금했지요. 그때 도훈이의 궁금증을 눈치챈 하연 누나가 프랭클린 아저씨에게 물었어요.

"우아, 어떻게 그렇게 많은 일을 하셨어요?"

프랭클린 아저씨가 고개를 끄덕였어요.

"시간 관리를 잘하면 어떤 일이든, 몇 가지 일이든 할 수 있

단다. 우리는 하루에 24시간씩 공평하게 갖고 있잖니? 더 많은 시간을 가진 사람은 없어. 그래서 나는 하고 싶은 일을 해내기 위해 내가 가진 시간을 계획해서 사용했어. 그러니 너희도 시간을 잘 관리하길 바란다. 시간은 금이거든!"

도훈이가 하연 누나를 바라보았어요.

"어? 아까 누나가 했던 말 아니야?"

"맞아. 바로 벤저민 프랭클린 아저씨가 하신 말이지. 시간은 금 또는 돈과 같으니 소중하게 여기라는 뜻!"

프랭클린 아저씨가 훌륭하다며 손뼉을 쳤어요.

"나에게는 시간의 소중함 정도만 배우면 돼. 어느새 다음 어린이가 도착할 시간이 되었구나. 너희를 다음 시간의 방으로 보내 줄게. 하나, 둘, 셋!"

시간을 기록하자

"안녕, 애들아?"

새로운 시간의 방에서 한 아저씨가 두 사람을 반갑게 맞이했어요. 도훈이는 이번에는 어떤 분일지 궁금했지요.

"나는 피터 드러커라고 한다. 미국의 유명한 경영학자지. 너희가 시간 관리에 대해 배우러 온다길래 준비하고 있었어."

피터 드러커 아저씨가 종이 한 장을 나누어 주었어요.

"나는 시간을 관리하기 위해 내가 하루를 어떻게 보냈는지 꼼꼼하게 적었어. 그리고 낭비하는 시간이 없는지 찾았지. 도훈이 너도 어제 하루를 어떻게 보냈는지 적어 볼래?"

시간		무슨 일을 했나요?
오전	7시	잠
	8시	10분 기상하고 뒹굴뒹굴, 40분 씻기, 45분 등교
	9시	학교 도착, 1교시 수업
	10시	2교시 수업
	11시	3교시 수업
오후	12시	4교시 수업
	1시	점심 시간
	2시	방과 후 수업
	3시	놀이터에서 놀기
	4시	유튜브 보기
	5시	빈둥거리기
	6시	흠……. 뭐 했더라?
	7시	저녁 먹기
	8시	티브이 보기
	9시	티브이 보기
	10시	20분 학습지 풀기, 50분 잘 준비
	11시	잠

도훈이가 어제 하루 보냈던 시간을 모두 기록했어요. 시간 기록표를 보고 하연 누나가 도훈이에게 말했어요.

"도훈아, 학교에 너무 늦게 가는 거 아니야?"

"일찍 일어나는 걸 힘들어해서……. 내가 우리 반에서 가장 늦게 오긴 해."

"학교에 일찍 가기 위해서 더 일찍 일어나면 좋을 것 같아. 그리고 티브이나 유튜브 보는 시간이 많네? 놀이터 다녀와서 집에서 뭐 했어?"

"내가 뭘 했더라? 기억이 잘 안 나."

"그래? 내가 무얼 했는지 기억이 안 나는 시간은 낭비한 시간이라고 할 수 있어."

"낭비가 뭐야?"

도훈이가 눈을 동그랗게 뜨고 물었어요. 피터 드러커 아저씨가 하연 누나 대신 대답했어요.

"낭비란 아끼지 않고 함부로 쓰는 것을 말한단다. 아까 적은 시간 기록표에서 낭비한 시간을 찾아보렴. 그리고 그 시간에 무엇을 할지 적어 보자."

시간	무슨 일을 했나요?	
오전 7시	~~잠~~	기상, 등교 준비
8시	~~10분 기상하고 뒹굴뒹굴, 40분 씻기, 45분 등교~~	아침밥 먹기, 등교, 학교 도착
9시	~~학교 도착,~~ 1교시 수업	
10시	2교시 수업	
11시	3교시 수업	
오후 12시	4교시 수업	
1시	점심 시간	
2시	방과 후 수업	
3시	놀이터에서 놀기	
4시	~~유튜브 보기~~	학습지 풀기
5시	~~빈둥거리기~~	책 읽기
6시	~~흠…… 뭐 했더라?~~	저녁 먹기
7시	~~저녁 먹기~~	티브이 보며 가족들과 쉬기
8시	~~티브이 보기~~	책가방 챙기기, 내일 계획 세우기
9시	~~티브이 보기~~	잘 준비하고 자기
10시	~~20분 학습지 풀기, 50분 잘 준비~~	잠
11시	잠	

"완성! 나는 앞으로 시간을 이렇게 쓸 거야."

도훈이가 하연 누나와 피터 드러커 아저씨에게 고친 시간 기록표를 보여 주었어요.

"아침에 일찍 일어날 거야. 그리고 학교 끝나고 집에 오면 바로 수학 학습지를 풀 거야. 사실 학습지를 하는 데 오래 안 걸리는데, 괜히 하기 싫어서 미뤘거든. 빨리 끝내고 마음 편히 놀래. 그리고 티브이를 너무 많이 보는 것 같아. 앞으로는 티브이 보는 시간을 줄이고 책을 많이 읽으려고!"

피터 드러커 아저씨가 뿌듯한 표정을 지었어요.

"참으로 훌륭하구나. 이제 다음 어린이가 올 시간이다. 너희는 다음 시간의 방으로 가렴. 앞으로 낭비하는 시간 없이 알찬 하루하루를 보내길 바란다."

나의 오늘 하루를 기록해 보아요.

	시간	무슨 일을 했나요?
오전	7시	
	8시	
	9시	
	10시	
	11시	
오후	12시	
	1시	
	2시	
	3시	
	4시	
	5시	
	6시	
	7시	
	8시	
	9시	
	10시	
	11시	

계획을 지키는 게 중요해

"이번에는 어떤 시간의 방일까?"

도훈이가 새로 도착한 시간의 방 이곳저곳을 구경했어요. 하연 누나가 조용히 속삭였지요.

"쉿! 여기는 칸트 아저씨를 볼 수 있는 시간의 방이야. 칸트 아저씨는 1분, 1초도 시간 계획표에서 어긋나는 일이 없기 때문에 우리에게 시간에 대해 설명해 줄 시간이 없어. 그래서 이번에는 이야기를 듣는 대신 칸트 아저씨가 하루를 어떻게 보내는지 옆에서 볼 거야."

그때 한 아저씨가 보였어요.

"도훈아, 저 사람이 칸트 아저씨

야. 매일 똑같은 시간에 산책하셔. 철저한 시간 관리로 유명한 독일의 철학자야."

"철학자가 뭐야?"

"사람들이 지혜롭게 생각하는 법에 대해 연구하는 사람이지."

따르릉, 그때 시계가 울렸어요.

"오, 새벽 5시군. 일어나야지."

칸트 아저씨는 바로 일어난 뒤, 서재로 가서 책을 읽었어요. 오전 7시에 강의를 하러 학교에 가고, 강의가 끝난 오전 9시부터 오후 1시까지는 글을 썼지요. 시간을 바삐 보낸 칸트 아저씨는 오후 5시에 산책을 나섰어요.

"산책을 하며 생각을 정리해야지."

칸트 아저씨는 언제나 같은 시간에 산책을 했어요. 동네 사람들은 칸트 아저씨를 보고 시간을 알았지요.

"칸트 씨가 산책하는 것을 보니 오후 5시군."

동네 사람들은 칸트 아저씨를 가리켜 '걸어 다니는 시계'라고 불렀어요. 시계가 고장 나면 칸트 아저씨를 보고 시간을 맞추었지요. 산책을 마친 칸트 아저씨는 정확히 밤 10시에 잠에 들었어요.

그 모습을 본 하연 누나가 물었어요.

“도훈아, 칸트 아저씨의 어떤 점이 제일 대단한 것 같아?”

“음, 매일 매일 자기만의 계획표를 지키는 점이 대단한 것 같아! 첫 번째 계획을 지키니까 두 번째 계획도 지키게 되고, 자연스레 시간 관리도 잘하게 되고!”

“보는 눈이 정확한데? 맞아. 우리도 칸트 아저씨처럼 시간 계획을 잘 지키도록 노력하자!”

도훈이가 미소 지은 채 고개를 끄덕였어요.

한 가지 일에만 집중!

"이제 시간의 방 여행은 끝났어. 하지만 나의 시간 수업은 아직 끝나지 않았어. 내가 도훈이 너의 하루를 옆에서 보고 있을게. 도움이 필요하면 나를 불러!"

하연 누나가 도훈이에게 시간 멈춤 버튼을 건넸어요.

"시간 관리에 어려움이 생기면 이 버튼을 눌러. 그럼 내가 다른 사람들의 시간을 멈추고, 네 앞에 나타날 거야."

도훈이는 집에 도착해 티브이를 켜고, 수학 학습지를 펼쳤어요. 집에 오자마자 학습지를 열심히 풀었더니 정말 뿌듯했지요. 그런데 엄마에게 수학 문제 푸는 데 집중하지 못했다며 꾸중을 들었지 뭐예요?

도훈이는 시간 멈춤 버튼을 눌렀어요. 요술 램프에서 나오는 요정처럼 하연 누나가 나타났어요.

"도훈아, 불렀어?"

도훈이는 방금 전 일을 차근차근 이야기했어요.

“공부도 해야 하고, 티브이도 보고 싶으니까 두 가지 일을 같이 했어. 근데 엄마한테 혼만 난 거 있지? 평소보다 틀린 게 더 많대. 말도 안 돼!”

“도훈아, 동시에 여러 가지 일을 하는 게 정말 좋을까?”

“응, 당연하지!”

하연 누나가 고개를 저었어요.

“아니야. 어떤 일을 할 때는 그 일에만 집중해야 해. 그게 시간을 잘 쓰는 방법이야.”

“어떻게 그게 시간을 잘 쓰는 거야?”

“오늘 일을 생각해 봐. 시간은 시간대로 쓰고, 결국 학습지를 다시 풀게 됐잖아? 처음부터 학습지를 풀 때는 학습지만 풀고, 티브이를 볼 때는 티브이만 보았다면 지금쯤 모든 일이 끝났을걸?”

도훈이는 당장 티브이 전원을 껐어요. 그리고 자리에 앉아 학습지를 풀기 시작했지요. 하연 누나는 뿌듯한 표정으로 다시 요술 램프 요정처럼 사라졌어요.

자투리 시간이 한가득

며칠 뒤, 저녁을 먹고 엄마가 도훈이에게 물었어요.

"도훈아, 오늘 수학 학습지 왜 안 했어?"

"오늘 시간이 없었어요. 학교 끝나고 집에 와서 조금 쉬고, 친구들하고 조금 놀고, 줄넘기 조금 하고. 정말 정신없이 바빴어요."

도훈이는 억울했어요. 엄마의 잔소리를 잠시 피할 겸, 시간 멈춤 버튼을 눌렀어요.

"김도훈!"

하연 누나 목소리가 들렸어요.

"세상에 시간이 넘쳐 나는 사람은 없어. 누구나 바쁘고 시간이 없지."

"그럼 어떻게 해? 나는 시간이 없어서 할 일을 못 한 거란 말이야."

"그럴 땐 자투리 시간을 활용해 봐. 자투리 시간은 잠깐씩 남는 시간을 말해. 오늘 자투리 시간이 얼마큼

있었는지 알아볼까?"

하연 누나가 한 화면을 보여 주었어요. 거기에는 도훈이의 하루가 녹화되어 있었어요.

"친구들과 놀러 나가기 전에 30분이나 그냥 소파에 누워 있었네? 놀고 와서 줄넘기하러 나가기 전까지는 침대에서 한 시간 동안 아무것도 안 했고."

"정말이네? 진짜 학습지 풀 시간이 있었잖아?"

"나도 모르게 흘러가는 시간을 놓치지 말아야 해. 흘러가는 시간을 모으면 큰 시간이 되거든. 어떤 일에 얼마큼의 시간이 걸리는지 안다면 자투리 시간을 잘 활용할 수 있어. 여러 일의 시간을 재 보자!"

시간이 얼마나 걸릴까?

내가 하는 일	걸리는 시간
양치하고 세수하기	10분
놀이터에서 놀기	1시간
책 읽기	
학교 숙제하기	
학습지 풀기	
방 청소하기	
현관 신발 정리하기	
책가방 챙기기	

할 일은 미루지 말고 바로바로

"엄마, 오늘은 민유 생일 파티에 가야 해요. 오늘 숙제는 내일 하면 안 돼요?"

"민유 생일 파티랑 숙제랑 무슨 상관이 있니?"

"놀고 오면 힘들잖아요."

"그럼 민유 생일 파티 가지 마."

"너무해요!"

도훈이는 엄마가 미웠어요. 시간 관리를 배우면서 요즘 할 일을 얼마나 열심히 하는데요. 하루쯤은 봐줄 수 있잖아요. 도훈이는 씩씩대며 시간 멈춤 버튼을 눌렀어요. 하연 누나를 만나면 마음이 조금 나아질지도 몰라요.

"이런 이런, 친구 생일 파티 간다고 오늘 할 일을 안 하는 게 말이 돼?"

"하루쯤은 그런 날이 있을 수도 있지……."

맙소사, 하연 누나도 엄마와 똑같은 말을 했어요. 도훈이는 시무룩해졌어요.

"그 하루가 과연 하루로 끝날까? 휴가 간다고 하루, 피곤하다고 하루, 방학식이라고 하루……. 그렇게 하루하루 미루면 결국 아무것도 안 하고 몇 주일씩 시간이 가 버릴 거야."

도훈이는 아니라고 할 수 없었어요. 시간 관리를 배우기 전에는 정말 그랬거든요.

"할 일은 미루지 말고 바로바로 해. 오늘 하면 20분이면 되는데, 내일 하면 오늘 것과 내일 것을 합해 40분이나 걸리잖아. 생일 파티 가기 전에 할 수도 있고, 다녀와서 할 수도 있어. 미루면 더 힘들어진다는 사실, 기억해!"

도훈이는 고개를 끄덕였어요.

'그래, 생일 파티 가기 전에 할 일을 마치자!'

이것만 볼게요

"도훈아, 영상 그만 봐야지. 핸드폰 이리 줘."

엄마가 유튜브를 보고 있는 도훈이에게 말했어요.

"이것만 볼게요. 이것만요."

도훈이는 핸드폰 화면에서 눈을 떼지 못했지요.

"아까부터 '이것만'이라고 몇 번을 말하는 거니? 벌써 저녁 시간인데, 저녁 먹고 엄마 아빠랑 티브이도 볼 거잖아. 도대체 하루에 영상을 몇 시간 보는 거야?"

도훈이는 귀를 틀어막으며 시간 멈춤 버튼을 눌렀어요.

"학교도 다녀오고, 숙제도 다 했는데 영상 좀 보면 안 되는 거야? 도대체 내 마음대로 할 수 있는 게 하나도 없어."

"오늘 유튜브 얼마나 봤는데?"

"몰라. 얼마 안 봤을걸?"

"바로 그게 문제야. 유튜브나 티브이는 조금밖에 안 본 것 같은데 시간이 금방 가. 몇 시간이 지났는지도 모르는 채 순식간에 내 시간이 없어져 버리지."

도훈이가 그렇지 않다며 고개를 저었어요.

“시간이 없어지는 건 아니지! 난 재미있는 시간을 보낸 거야!”

“물론 재미있어. 하지만 이용 시간을 정해 놓지 않으면 어떻게 될까? 만약 엄마가 핸드폰을 달라고 안 했다면 도훈이 너는 어떻게 했을 것 같아?”

“음……. 아마 계속 영상을 봤겠지?”

“거봐. 그러면 너도 모르는 사이에 밤이 되고, 새벽이 될걸? 영상이나 게임에 빠져들면 내가 알차게 보내야 할 시간이 사라져 버려. 그러니 미디어 사용 시간을 정해 보자.”

나 김도훈은 핸드폰으로 영상 보기를
하루에 30분만 하겠습니다.
약속을 지키지 않으면
다음 날은 영상을 보지 않겠습니다.
나 은/는 를
하루에 만 하겠습니다.
약속을 지키지 않으면
.

하연 누나의 선물

"도훈아, 여기 선물."

하연 누나가 건넨 상자 안에는 예쁜 글씨가 적힌 종이가 들어 있었어요.

시간 관리를 잘하는 다섯 가지 방법

첫 번째, 시간 계획을 세우고 잘 지켜요.

두 번째, 한 가지 일에만 집중해요.

세 번째, 자투리 시간을 활용해요.

네 번째, 할 일을 미루지 말아요.

다섯 번째, 미디어 사용 시간을 정해요.

"이 다섯 가지만 지켜도 시간 관리를 잘하고, 시간을 잘 쓰는 시간왕이 될 수 있어!"

도훈이는 그게 뭐냐며 웃었어요. 그러자 하연 누나가 말을 이었지요.

"나도 원래는 시간 관리를 못 했어. 학교는 만날 지각하고, 숙제 대신 게임만 하고, 잠도 늦게 잤지. 그러다가 시간왕이 된 언니를 만나서 시간을 계획하고 잘 사용할 수 있게 되었어. 지금의 너처럼 말이야."

"누나도 처음부터 시간 관리를 잘했던 건 아니구나?"

"물론이지. 너에게 마지막으로 선물을 하나 더 줄게."

하연 누나의 힘찬 목소리에 도훈이는 기대했어요.

"이름하여 계획표 세트! 시간을 잘 관리하기 위해서는 여러 계획표가 필요해. 하나하나 사용하는 방법을 알려 줄게."

한 달 계획을 세우자

하연 누나가 첫 번째 계획표를 꺼냈어요.

"한 달 계획표는 매달 1일에 이달에 꼭 이루고 싶은 것을 적고 지키는 거야. 1월 계획표에 '책 20권 읽기'를 적었다면 책을 많이 읽으면 되고, 2월 계획표에 '매일 줄넘기하기'를 적었다면 매일 줄넘기를 하면 돼."

"꼭 하나만 써야 해? 난 여러 계획을 세우고 싶어!"

"여러 개 써도 돼. 하나만 적었다고 다른 건 하지 말라는 게 아니라, 하나라도 열심히 지켜서 '이달의 습관'으로 만들자는 거니까!"

"이번 달 누나의 계획은 뭐야?"

"나? 매일 줄넘기 500개 하기! 도훈이 너도 계획을 세워 봐."

한 달 계획표를 사용해 보아요.

1월	2월	3월	4월

5월	6월	7월	8월

9월	10월	11월	12월

한 주 계획을 세우자

하연 누나가 두 번째 계획표를 꺼냈어요.

"이번에는 한 주 계획이야. 일주일이 며칠이라고 했지?"

"7일!"

"정답! 한 주 계획은 7일 동안 무엇을 해야 하는지 적는 거야. 숙제, 학원, 약속 등의 계획을 요일마다 간단하게 적으면 돼. 이런 식으로!"

일	월	화
~~학원 숙제~~	~~학교~~	~~학교~~
	~~태권도~~	~~피아노~~
	~~수학 학습지~~	~~수학 학습지~~
		영어 공부

도훈이가 하연 누나의 한 주 계획표를 보고 물었어요.

"빨간 줄 그은 거는 지킨 계획이야?"

"맞아. 줄을 그으면 내가 계획을 얼마나 지켰는지 한눈에 볼 수 있거든. 계획한 일을 다 끝내면 마음이 정말 뿌듯해져. 너도 한번 적어 봐."

하연 누나는 어른스럽게 말하며 도훈이 손에 연필을 쥐어 주었어요.

수	목	금	토
~~학교~~	학교	학교	가족과 놀이공원
~~방과 후 수업~~	태권도	피아노	
~~수학 학습지~~	독서	수학 학습지	
도서관		영어 공부	

한 주 계획표를 사용해 보아요.

월 째주

일	월	화

월 째주

일	월	화

월 째주

일	월	화

수	목	금	토

수	목	금	토

수	목	금	토

하루 계획을 세우자

"이번에는 하루 계획이야."

"뭐가 또 있어?"

도훈이가 놀란 표정으로 물었어요.

"이 계획표들을 다 사용해야 하는 건 아니야. 나한테 맞는 계획표만 쓰면 돼. 그래도 나는 한 달 계획표, 한 주 계획표, 하루 계획표 세 개를 쓰니 좋더라고. 도훈아, 하루는 몇 시간이게?"

"24시간!"

"그렇지! 하루 계획표는 하루를 스물네 조각으로 나누어서 계획을 세우는 거야. 매일 하지 않아도 돼. 필요한 날만 써 봐. 우선 내일 계획을 세워 볼래?"

꿈나라

일어나기, 씻기

아침 먹기, 등교하기

학교 수업

점심 시간

방과 후 수업

자유 시간

학습지 풀기, 책 읽기

저녁 시간

운동하기

자유 시간

씻기, 잘 준비하기

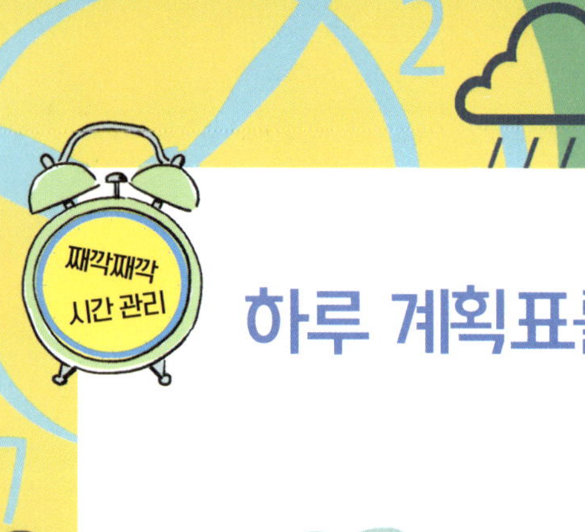

하루 계획표를 사용해 보아요.

방학에도 계획이 필요해

"자, 이제 마지막 계획표야. 바로바로 방학 계획표! 도훈이 너는 여름 방학에 뭘 하고 싶어?"

여름 방학에 하고 싶은 일 여러 가지가 금방 머릿속을 채웠어요. 도훈이는 고르고 골라 신나게 대답했어요.

"수영장 가기! 계곡 가기!"

"재미있겠다! 그런데 우리가 하고 싶은 일만 할 수는 없잖아? 하고 싶은 일뿐만 아니라 해야 하는 일도 해야 해. 방학 때 해야 하는 일은 뭐가 있을까? 두 가지를 나눠서 적어 봐. 하고 싶은 일만 하면 방학을 알차게 보낼 수 없고, 해야 하는 일만 하면 방학이 재미없거든!"

여름 방학에 해야 하는 일	여름 방학에 하고 싶은 일
책 읽기	수영장 가기
수학 문제집 풀기	계곡 가기
운동하기	만화 영화 많이 보기

"방학 계획표와 다른 계획표를 같이 사용하면 좋아."

도훈이는 차근차근 설명해 주는 하연 누나가 고마웠어요.

방학 계획표를 사용해 보아요.

▼ 여름 방학

해야 하는 일	하고 싶은 일

▲ 겨울 방학

해야 하는 일	하고 싶은 일

시간왕이 될 수 있을까?

“누나 덕분에 나 진짜 계획 많이 세웠어! 아, 뿌듯해.”

“그런데 계획 세우기보다 더 중요한 게 있어.”

“뭔데?”

“바로 그 계획을 지키는 것! 계획을 못 지키는 날도 있겠지만, 실천하기 위해 노력하다 보면 훌륭한 어린이가 될 거야. 시간왕이 될 자격이 있는지 마지막으로 시험을 볼게.”

도훈이는 시험이라는 말에 가슴이 두근거렸어요. 하지만 자신 있었지요. 시계도 못 읽고, 매일 지각하고, 할 일을 미루던 예전의 도훈이가 아니었거든요.

“누나, 얼른 시험지 줘!”

시간왕 시험

1. 시계를 읽어 보아요.
지금은 몇 시 몇 분인가요?

(　　　　)시 (　　　　)분

2. 달력 속 5월 23일은 무슨 요일인가요?

____

3. 달력 속 어린이날은 무슨 요일인가요?

____

5월

일	월	화	수	목	금	토
			1	2	3	4
5	6	7	8	9	10	11
12	13	14	15	16	17	18
19	20	21	22	23	24	25
26	27	28	29	30	31	

✱ 옳은 말은 몇 번인가요?

4. 내일 약속을 미리 준비해야 할까요?

① 네, 미리 준비해야 약속 시간에 늦지 않아요.

② 아니요, 오늘 할 일은 오늘 하고 내일 할 일은 내일 하면 돼요.

5. 아침에 늦게 일어나서 늦게 학교에 가는 게 좋을까요?

① 네, 학교에 일찍 가는 것보다 잠을 많이 자는 게 중요해요.

② 아니요, 학교에 일찍 도착해서 10분 정도 오늘 할 일을 생각해요.

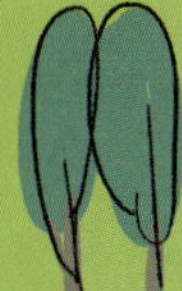

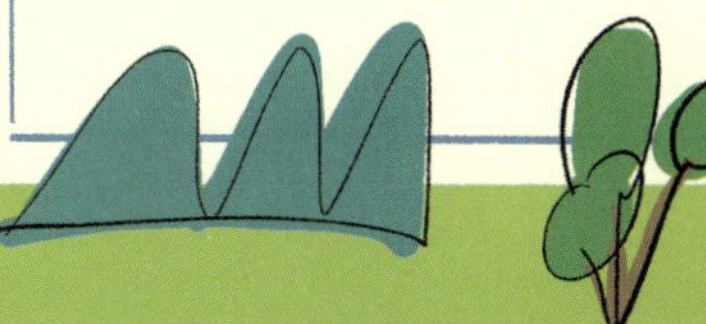

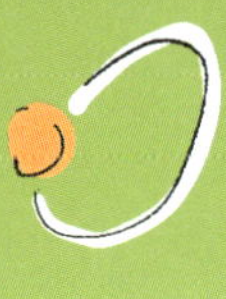

6. **여러 가지 일을 동시에 하면 시간을 현명하게 사용할 수 있을까요?**

① 네, 여러 일을 더 빨리 끝낼 수 있어요.

② 아니요, 한 번에 한 가지 일을 해야 더 집중할 수 있어요.

7. **오늘 할 일을 미루고, 한꺼번에 하면 좋을까요?**

① 네, 한꺼번에 하면 더 잘할 수 있어요.

② 아니요, 오늘 할 일은 오늘 끝내는 것이 좋아요.

8. **영상 시청이나 게임은 시간을 정하고 해야 할까요?**

① 네, 시간을 정해서 해요.

② 아니요, 부모님이 그만하라고 할 때까지 해요.

9. **계획을 많이 세울수록 좋을까요?**

① 네, 계획을 지키는 것보다 무작정 많이 세우는 게 좋아요.

② 아니요, 지킬 수 있는 계획을 세우고 실천하는 게 중요해요.

10. **계획표는 한 종류만 있나요?**

① 네, 동그라미 모양의 하루 계획표만 있어요.

② 아니요, 다양한 계획표가 있어요.

정답: 1. 9시 40분 2. 목요일 3. 일요일 4. ①
5. ② 6. ② 7. ② 8. ① 9. ② 10. ②

시간왕 김도훈

시간왕이 된 도훈이는 요즘 행복해요. 왜냐고요? 시간 관리를 잘하니까 놀 수 있는 시간이 더 많아졌거든요. 그리고 공부를 제시간에 끝내니 부모님에게 "공부해!"라는 잔소리도 듣지 않았어요. 시간왕이 된다는 건 공부왕과 놀기왕이 된다는 것이기도 했어요.

도훈이는 하루도 빼먹지 않고 하연 누나의 말을 되새겼어요.

'시간을 관리한다는 것은 나를 사랑하는 거야. 이제 시간 멈춤 버튼을 너에게 줄게.

시간 관리가 필요한 친구가 보이면 버튼을 누르고 잘 알려 주길 바라.'

몇 달 뒤 도훈이는 피아노 학원을 다니기 시작했어요. 그리고 그곳에서 매일 지각하는 승우를 만났지요. 항상 헐레벌떡 우당탕탕 다니던 도훈이의 옛날 모습과 똑같았어요. 도훈이가 승우의 어깨를 톡톡 두드렸어요.

"안녕, 승우야. 혹시 내가 시간에 대해 알려 줄까?"

시간과 관련된 명언을 따라 써 보아요.

시간은 금이다.

사람은 망설이지만 시간은 망설이지 않는다.

잃어버린 시간은 되돌아오지 않는다.

승자는 시간을 관리하며 살고, 패자는 시간에 끌려 산다.

시간은 인간이 쓸 수 있는 가장 값진 것이다.

보호자를 위한
우리 아이 시간 관리

시간 관리의 기본은 시계와 달력 읽기

초등학교에 입학하면 아이 스스로 해야 하는 일이 많아집니다. 어떤 일을 혼자서 해내려면 시간 관리가 필요하고, 시간 관리를 잘하기 위해서는 시계와 달력을 정확하게 읽을 수 있어야 하지요.

지금 바로 집 안을 둘러보세요. 집에 시계가 걸려 있나요? 제가 여기서 말하는 시계란 숫자가 크고 정확하고, 시침과 분침과 초침이 모두 있는 아날로그 시계입니다. 디자인에 치중되어 숫자가 없고 눈금이 애매한 시계 또는 디지털 시계가 아니라요. 만약 없다면 아날로그 시계를 준비하세요. 그리고 우리 책 22쪽처럼 눈금 옆에 '5, 10, 15, 20, 25, 30, 35, 40, 45, 50, 55'를 붙여 두세요. 달력은 아이의 시선이 잘 닿는 곳에 두세요. 그래야 자연스레 시계와 달력을 눈에 익힐 수 있습니다.

디지털 시대가 된 요즘, 숫자로만 이루어진 디지털 시계에 의존하는 어른과 아이가 많습니다. 시계와 달력 읽기는 시간 관리를 떠나, 꼭 알아야 하는 기본 상식입니다. 그런 만큼 초등학교 수학 교육 과정에서도 시계와 달력 읽기를 다루고 있지요. 1학년 2학기 수학 교과에서는 정각과 30분 단위의 시간을 배우고, 2학년 2학기 수학 교과에서는 5분 단위의 시간과 달력 읽기를 배웁니다.

아이와 함께 계획 세우기

시간 관리를 위해 시계와 달력 읽기를 익혔다면, 이제는 계획을 세워야 합니다. 계획이란 앞으로 해야 할 일의 중요도와 강도 등을 생각해 미리 생각하는 것을 말합니다.

아이의 생활에서 계획을 세우면 좋은 부분은 학원을 몇 시에 가야 하는지, 방과 후 수업이 무슨 요일에 있는지, 미디어 사용을 몇 시부터 몇 시까지 할지, 잠을 몇 시에 잘지 등입니다. 어떤 뚜렷한 목표를 가진 계획보다 약속이나 해야 할 일에 초점을 맞춰 시간과 날짜를 적고 정해 두는 것이지요.

아이와 마주 보고 앉아 계획을 세워 보세요. 대화를 통해 해야 할 일, 학원 일정, 방과 후 수업, 미디어 사용 시간, 청소 시간, 취침 시간 등에 대해 이야기해 보세요. 그리고 달력 또는 화이트보드에 잘 보이게 적어 두세요. 아이와 보호자가 함께 정한 계획인 만큼 보호자는 아이의 계획을 잘 헤아릴 수 있고, 아이는 책임감이 생겨 더 잘 지키게 될 것입니다.

계획 세우기는 시간 관리에서만 중요한 것이 아닙니다. 자기 주도 학습 또한 계획에서 시작하니까요. 매일 아이와 오늘 일과에 대해 이야기하고, 계획표를 점검하고, 도움이 필요하지 않은지 확인하세요. 보호자의 도움 아래 아이는 계획과 가까워지고, 지기 통제와 독립심을 키울 수 있습니다.

시간 관리를 위한 규칙 정하기

계획은 계획을 실천했을 때 빛을 발해요. 아이가 보호자와 함께 의논하여 어떤 계획을 세웠어요. 아이는 그 계획을 바로 실천할 수 있을까요? 아마 힘들 거예요. 그럼 어떻게 계획을 잘 실천할 수 있을까요? 실천은 일상적인 습관 여러 개가 모여 완성됩니다. 그렇기 때문에 올바른 습관 만들기가 중요하지요.

습관은 지속적이고 반복적인 규칙을 통해 만들어져요. 규칙은 간단하고 명확할수록 좋아요. 아이와 함께 집에서 지켜야 하는 규칙과 학교에서 지켜야 하는 규칙, 외출했을 때 지켜야 하는 규칙 등을 만들어 보세요.

규칙은 보호자가 일방적으로 정하지 않고, 아이와 대화를 통해 만드는 것이 좋습니다. 예를 들어 핸드폰 사용 시간을 정하는 상황이라면 "하루에 핸드폰을 몇 시부터 몇 시까지 사용할래?" 아이에게 먼저 물어 기본적인 규칙을 세우세요. 그 다음, 규칙을 못 지켰을 때는 어떻게 할 것인지 추가 규칙을 정합니다.

아이가 규칙을 지키면 아낌없이 칭찬해 주세요. 물론 '결과'에 대한 칭찬보다는 '규칙을 지키려고 노력한 과정'에 대해 칭찬하면 좋습니다. 그러면 아이는 자기 통제와 자존감을 갖게 될 것입니다. 칭찬이 아이에게 가장 큰 보상이라는 것을 항상 기억하세요.

시간 관리를 위한 습관 만들기

습관을 만드는 것은 쉬운 일이 아니에요. 하지만 습관이 갖는 힘을 알기에, 우리 모두 좋은 습관을 갖기 위해 노력하는 것이지요. 하나의 습관을 만들기 위해서는 4단계가 필요해요.

1단계 : 환경 설계하기

아이가 집에 오자마자 해야 할 공부가 있다고 가정해 보아요. 그런데 집에 돌아오니 책가방을 어디에 둬야 할지 모를 정도로 정리가 안 되어 있고, 시끄러운 음악이 울려 퍼지고, 책상도 엉망이라면 어떨까요? 반대로 책가방을 둘 곳이 정해져 있고, 잔잔한 음악이 흘러나오고, 책상이 깨끗하다면 어떨까요?

아마 아이는 두 번째 공간에서 공부를 잘 해낼 수 있을 거예요. 첫 번째 공간은 공부할 만한 환경이 갖추어지지 않았지만, 두 번째 공간은 아니니까요. 환경 설계는 습관을 만들고, 그 습관을 시스템으로 만드는 첫걸음이에요. 사람의 의지는 한정적이기 때문에, 따로 의지를 발휘하지 않고도 어떤 일을 할 수 있는 환경이 만들어지는 게 아주 중요해요.

그래서 보호자는 아이와 규칙을 정한 다음, 규칙이 습관이 될 수 있도록 환경 설계를 해 주어야 합니다. "계획을 세우면 뭐하니? 지켜야지."라는 잔소리 대신 알맞은 환경을 만들어 주세요.

2단계 : 신호 알아차리기

모든 사람은 저마다의 신호를 느낍니다. 여기서 신호란 특정 행동을 하게 하는 신호예요. 초등학교 선생님이자 한 아이의 엄마인 저는 아이가 잠들면 긴장이 풀리면서 과자를 먹는 습관이 있습니다. 저의 '밤늦게 과자 먹는 습관'의 신호는 무엇일까요? 바로 '아이가 잠들다.'입니다.

신호	➡	행동
아이가 잠들다.	➡	과자를 먹다.

만약 밥을 먹고 항상 커피 한 잔을 마신다면, '커피를 마시는 습관'의 신호는 '밥을 먹다.'일 것입니다.

신호	➡	행동
밥을 먹다.	➡	커피 한 잔을 마시다.

이처럼 아이가 특정 행동을 하게 되는 신호를 알아차리고, 행동과 연결시켜 좋은 습관을 만들어 주세요. 만약 아이가 하교 후 집에 와서 빈둥거리다가 핸드폰 게임을 시작한다면, 이때 아이의 신호는 '빈둥거리다.'이고, 행동은 '핸드폰 게임을 하다.'입니다. 아이의 신호가 게임과 연결되어 있으므로, 다른 행동으로 새로 연결시키면 됩니다. '집에 와서 조금 쉬다가 줄넘기하러 가기' 같은 규칙을 만들고, 이 규칙을 계속 지킬 수 있도록 도와주세요. 그러면 어느새 '빈둥거리다.'

신호의 행동이 '줄넘기하다.'로 바뀔 것입니다.

신호	➡	행동
빈둥거리다.	➡	줄넘기하다.

3단계 : 행동에 따른 보상하기

아이가 행동을 다 했다면 적절한 보상을 주세요. 아이가 아침 일찍 일어나서 스스로 옷을 입고, 밥을 먹고, 양치를 했다면 어떤 보상을 주어야 할까요? 꼭 안아 주며 "정말 멋있어."라고 말해 주면 됩니다. 그것만으로도 아이는 자신의 행동이 옳다는 것을 깨닫는 동시에 보호자의 사랑도 느낄 수 있습니다. 우리 책에 나오는 여러 계획표를 따라 만들며, 계획을 잘 실천했을 때마다 스티커를 붙여도 좋습니다. 스티커가 하나둘 채워지면 보호자의 보상 말고도 아이 스스로 내적 보상을 느낄 수 있지요.

4단계 : 습관 반복하기

환경을 설계하고, 신호와 행동을 연결시키고, 행동에 따른 보상을 주었다면 하나의 습관이 완성되었어요. 이제 이 습관을 반복하기만 하면 됩니다. 하지만 무엇이든 쉽게 질리는 아이들에게는 반복이 가장 힘듭니다. 그래서 보호자가 옆에서 힘께 해 주어야 하지요. 가장 어려운 난계인 반복을 하며 습관을 더 몸에 익혀 보세요. 일상생활에도, 시간 관리에도 도움되는 습관을 가질 수 있습니다.